¿Qué es esto?

1

Es una rana.

¿Qué es esto?

Es una serpiente.

¿Qué es esto?

Es un ave.

¿Qué es esto?

¡Es un niño!

Créditos de las fotografías:

Cover: © Maxine Hall/Corbis;
p. 1: © E.R. Degginger/Photo Researchers Inc.;
p. 2: © A.N.T./Photo Researchers Inc.;
p. 3: © Peter B. Kaplan/Photo Researchers Inc.;
p. 4: © Phil Degginger/Bruce Coleman Inc.;
p. 5: © Roger Wilmshurst/Photo Researchers Inc.;
p. 6: © C.K. Lorenz/Photo Researchers Inc.;
p. 7tl: ©Digital Vision,
bc: © David Young-Wolff/Photo Edit.

Copyright © 2004 by Scholastic Inc.
Spanish translation copyright © 2004 by Scholastic Inc.
All rights reserved. Published by Scholastic Inc.
Printed in the U.S.A.

ISBN 0-439-68454-4

3 4 5 6 7 8 9 10   40   12 11 10 09

SCHOLASTIC INC.

New York Toronto London Auckland Sydney
Mexico City New Delhi Hong Kong Buenos Aires